텅 빔

실체는 없다

아잔 브라흐마왕소 지음 | 민병현 옮김

고요한소리

The Ending of Things

Ajahn Brahmavamso

Buddhist Publication Society
Kandy, Sri Lanka
(2001, Bodhi Leaves No. 153)

**Namo Tassa Bhagavato
Arahato Sammāsambudhassa!**

아라한이시고 완전히 깨달은 분이신
세존께 경배드립니다!

차 례

'생겨나는 것은 무엇이건 모두 사라진다.'[1] 붓다의 이 말씀을 주제로 올해(1999년) 우안거 해제 법문을 할까 합니다. 결제를 시작할 때 법문한 것이 바로 엊그제 같은데 벌써 해제가 다가왔습니다.

생겨나면 사라지기 마련입니다. 모든 것의 본질이 이러합니다. 이런 말을 들으면 어떤 사람들은 의지할 데가 없어지고 하늘이 무너지고 땅이 꺼지는 것 같은 두려움을 느낍니다. 하지만 생겨나면 사라진다는 사실은 실로 모든 생명체의 본질입니다. 모든 것이 무상無常 anicca하다는 사실이 당장은 불안하겠지만 붓다의 가르침을 알고 나면 오히려 무상

---

1 〈초전법륜경Dhammacakkappavattana sutta〉:《상윳따 니까야야 Saṃyutta Nikāya 相應部》, 56:11경, V, 423쪽 참조.

은 마음을 가다듬을 수 있는 방편이 되고 커다란 위안이 됩니다. 살다 보면 어찌할 바를 모를 때도 있고, 활기찰 때도 있고 또 슬플 때도 있습니다. 이처럼 끊임없이 변하는 것이 바로 우리 삶의 실상입니다.

생겨난 모든 것은 사라진다는 사실을 깨닫고 나면 인생살이에서 최악의 상황에 처하더라도 전전긍긍하지 않게 됩니다. 얼굴을 스쳐 가는 바람처럼 이 또한 지나가 버린다는 것을 알기 때문입니다. 그 바람이 어디서 불어오는지 또 어디로 가는지 모릅니다. 그저 바람이 불고 있다는 것만을 알 뿐입니다. 그 바람이 언제 그칠지, 얼마나 세게 불지 약하게 불지, 우리는 알지 못합니다. 그런 날씨만큼이나 우리 마음도 변화무쌍합니다.

마음속에서 일어나는 모든 느낌[受 *vedanā*] 그리고 몸에 와 닿는 자극과 그로 인한 느낌, 이 모두가 생겨났다 사라집니다. 우리는 살면서 순간순간 생겨나는 느낌들을 통제해 보려고 애쓰고, 즐거운 느낌만 누리고 괴로운 느낌은 피하려 애쓰지만 정작 그 느낌들이 어디서 오는지 언제 사라질지는 도무지 알지 못하지요.

모든 것은 불타고 있다

여러분은 이제 나이도 들고 경험도 많이 했기에 느낌이란 것들은 우리가 원하는 대로 조절될 수 없다는 사실 정도는 깨달았겠지요. 느낌이란 것 자체가 우리가 어떻게 해볼 도리가 없는 것입니다. 느낌은 제멋대로 일어나고 제멋대로 사라집니다. 느낌이 일어나고 사라지는 것은 우리가 통제할 수 없는 자연스러운 현상입니다. 이것이 〈불타오름 경〉[2]에 설해진 메시지입니다. 본래 모든 경험은 불길과 같이

---

2 《상윳따 니까야야*Saṃyutta Nikāya* 相應部》, 〈불타오름 경*Āditta sutta*〉 35:28경, Ⅳ, 19쪽 참조.

높이 타올랐다 서서히 사그라들어 꺼지다가 다시 불타오르곤 합니다. 이것이 우리가 겪는 경험의 성질입니다. 여러분, 아플 때 조금 차도를 보이다가도 다시 나빠지곤 하는 병의 성질을 경험해 봤겠지요.

　마음 상태도 마찬가지입니다. 어떤 때는 활기차서 모든 것이 아주 근사하게 보이기도 하고, 때로는 울적하고 지겨워서 어디론가 떠나버리고 싶을 때도 있을 겁니다. 이것이 바로 마음의 본성입니다. 세상사라는 온갖 바람이 마음속에 불고 있는 것일 뿐입니다. 태국의 모든 수행 지도자들은 그러한 기분에 좌우되지 말라고 충고합니다. 바람에 흔들리지 않는 바위처럼 그 자리에 꿋꿋이 서서, 제아무리 바람이 세게 불어도 흔들리지 말라고 합니다. 담마를 아는 사람은 두려워 떨거나 이리저리 *끄*달리지 않습니다. 이것이 담마를 이해하는 사람의 모습입니다. 담마를 든든한 토대로 삼지 않은 사람은 우왕좌왕 허둥댑니다. 여러분이 담마에 뿌리를 내리고 있으면 세상사의 일어남과 사라짐[生滅]에 마음이 흔들리지 않게 됩니다.

생멸生滅 현상을 안다는 말은 바로 삼라만상의 오고 가는 이치를 깨닫는 것입니다. 우리는 자신의 경험을 관찰할 때 '경험 자체'도 관찰하고 그 '경험하는 자'도 관찰해야 합니다. 우리 경험은 텔레비전 프로그램과 같습니다. 흔히 사람들은 스크린에 비치는 내용만 보지 스크린 자체를 보려고 하지는 않습니다. 불자들도 마찬가지입니다. 화면에 나타난 것만 볼 뿐, 그 내면까지 꿰뚫어 보는 일에는 관심이 없습니다. 이런 경향은 내적 성찰을 일삼는 신비 주의적 철학들이나 종교들에서도 똑같이 확인됩니다. 사람들은 보통 자신의 깊은 내면까지 충분히 들여다보려 하지 않습니다. 그러니 그 핵심까지 들어가지 못합니다. 우리가 내면을 깊이 들여다보는 주된 목적은 이른바 '세상', '나 자신', '신', '존재' 등 그 무엇이 되었든 그 속까지 깊숙이 파고들어가서 핵심을 꿰뚫어 보는 데 있는 것입니다.

핵심까지 파고들다

그런데 사람들은 어떤 대상을 속까지 들여다보지 않고 대체로 겉핥기만 합니다. 겉핥기만 하다가 이내 다른 것에 관심을 돌립니다. 속으로 파고들지 못하고 겉에서만 떠돕니다. 그렇기 때문에 보통 사람들은 물론 수행자들까지도 번번이 담마라는 청정한 지혜를 얻지 못하는 겁니다. 담마는 바로 이모든 현상이 벌어지는 그 순간에, 그 속에, 그 핵심에 있는데 말입니다.

앞서 말한 바와 같이 우리는 흔히 사물을 겉만보고 그것이 전부인 줄 압니다. 그 이상 더 깊이 핵심까지 들여다보지 않기 때문에 그 속에 아무것도 없다는 것을 모릅니다. 영원한 것이 있다는 환상, 눈에 보이는 현상이 견고한 실재라는 환상 그리고 '당신'이 실재한다는 환상은 당신의 삶에 고통을 일으킵니다. 모든 것은 지나가고 사라진다는 사실을 알면 그러한 환상으로부터 벗어날 수 있게 됩니다. 그 사실은 참으로 중요합니다. 그 때문에 제가 여러분에게 이 우안거 결제 기간 내내 삼매[定 *samādhi*]로 마음을 닦으라고 지도한 것입니다. 용감하게, 확고하게, 흔들림 없이, 들뜸 없이 지속하여 주의를 집중하면 관찰 대상의 본질이 텅 비었다는 것을 꿰뚫어 볼 수 있게 됩니다.

당신이 겪는 경험 자체의 본질을 알고 싶다면 그 경험 속 깊이 들어가기 위해서 아주 미세한 것까지도 지속적으로 주의를 집중할 수 있어야 합니다. 우리의 일상은 마치 차를 타고 빨리 달리는 것과 같습니다. 일상적인 경험은 무척 빠르게 지나가서 그 실상을 잘 알아차릴 수 없습니다. 우리는 다만 차창을 빠르게 스쳐가는 풍경들을 볼 뿐입니다. 마을을 지나가지만 하도 빨리 달려서 표지판도 상점 이름도 잘 읽을 수 없습니다. 속력을 늦추면 좀 더 많은 정보를 얻을 수 있습니다. 자전거로 여행한다면 더 많은 것을 볼 수 있지요. 걸어간다면 훨씬 더 자세하게 볼 수 있겠지요. 멈춰서 가만히 주위의 풍경을 지켜본다면 꽤나 많이 볼 수 있을 것입니다.

천 겹 연꽃

당신이 자연에서 어떤 부분을 골라 거기에 오랫동안 주의를 충분히 기울일 수 있으면 자연은 스스로를 열어 그 속에 숨은 비밀들을 내보여 주게 됩니다. 그 지켜보는 대상이 나무 잎새이든 하늘에 뜬 달이거나 당신의 손가락일지라도 말입니다. 움직이지 않고 말없이 가만히 고요하게 주의를 기울여 지켜보면 그것이 무엇이든 마음이 마주하고 있는 대상은 자신의 비밀을 내보여 줄 것입니다. 그러면 그 대상에 관해서 이전에 알았던 것보다 훨씬 더 많이 알게 될 것입니다.

그 대상은 천 겹으로 된 연꽃과도 같습니다. 그 많은 연꽃잎은 밤이면 오므라들고, 새벽녘에 햇빛이 비치면 다시 열리기 시작합니다. 햇볕이 따뜻하게 비추는 동안 그 꽃잎은 한 잎씩 차례차례 피어나기 시작합니다. 속 꽃잎까지 다 피려면 햇빛이 얼마나 지속적으로 비춰야 하는지 대강 짐작이 갑니까? 여기서 햇볕은 정定 *samādhi*을 의미하고, 연꽃은 우리가 주의를 집중하는 대상을 말합니다. 이 연꽃이 피어나는 현상에 주의를 기울여 지켜보면 맨 바깥 꽃잎부터 한 잎씩 피어나면서 마침내 속 꽃잎까지 펼쳐집니다.

이렇듯 가만히 집중하여 관觀하면 그동안 알고 있던 모든 이름들이 사라지는 것을 알 수 있습니다. 여러분이 어떤 대상에 대해 가졌던 이전의 모든 생각들은 '맨 바깥 꽃잎들'입니다. 내면으로 들어갈수록 겉 꽃잎들은 사라지기 시작합니다. 금시초문의 경험을 하기 시작합니다. 뭐라 말할 수 없고 배워서 아는 것을 넘어서는 경험을 하게 됩니다.

우리 인식의 대부분은 듣고 배워서 이미 아는 것을 되풀이하고 있는 것입니다. '암소', '개', '경찰', '돈', '자동차' 등등, 이 모두는 우리가 배워서 세상 만물에 붙이는 이름표일 따름입니다. 또 '생각', '느낌', '의식' 그리고 '자신' 등, 마음의 대상들에게 붙이는 이름표도 있습니다. 이 이름 역시 단지 익히 배워서 알고 있는 인식에 불과합니다.

우리 마음을 지속적으로 주의 깊게 지켜보고 있으면 이러한 이름표들은 바깥 연꽃잎이라는 것을 알게 됩니다. 꽃잎들이 벌어지면 뭐라고 형언할 수 없는 심오한 실상을 깨닫게 됩니다. '마음', '경험', '순간' 또는 무엇이라 부르든 간에, 이것들을 가만히 계속해서 주시하면 맨 속 꽃잎이 드러나기 시작합니다. 마침내 가장 깊고 깊은 곳에 있는 마지막 꽃잎이 피어나서는 이른바 '연꽃 속의 보배'를 드러냅니다. 담마라는 빛나는 보배! '텅 빔'이고 아무것도 없음이라! 여러분은 연꽃의 맨 속이 텅 비어 있음을 예상하지 못했겠지요. 하지만 실은 세상 모든 것의 본질은 텅 빔입니다. 여러분이 이러한 사실을 알고 나면 커다란 놀라움을 맛볼 것입니다. 이 충격이야말로 망상의 깊은 잠에 빠져 있는 여러분을 일깨워줄 것입니다.

텅 빔

모든 것을 들여다보면 맨 깊은 속에는 아무것도 없이 텅 비어 있습니다. 세상은 온통 형성된 것들[諸行 *saṅkhārā*][3]로 이루어져 있고, 이 형성된 것들이 아무것도 없는 텅 빈 속을 에워싸고 있을 따름입니다. 이러한 형성된 것들을 실체라고 여기며, '나', '나의 것', '나의 자아'도 실체라고 믿습니다. 그래서 우리는 이 모든 것들에 속고 있습니다. 마음속 깊이 들어가기는 무척 힘듭니다.

---

3 [역주] 활성 스님, 소리 스물다섯 《상카아라와 담마》, 〈고요한소리〉(2022) 참조.

맨 깊은 속 꽃잎에까지 다다랐다 싶을 때도 있겠지만 정말 깊은 속은 아닙니다. 그럼에도 '이만하면 되겠지' 하고 생각합니다. 연꽃 깊숙이 들어갈수록 꽃잎은 점점 더 찬란한 금빛으로 아름답게 빛납니다. 맨 깊은 속 꽃잎들은 환희롭습니다. 우리는 때때로 이 아름다운 꽃잎을 보고는 확신합니다. '맞아, 바로 이거야. 정말 아름답고 멋지고 감격스럽구나! 이것이 담마구나!' 그러면서 거기가 끝인 줄 알지만, 사실 그 역시 끝이 아닙니다.

사실 끝이라고 할 수 있는 경지는 '아무것도 없음, 텅 빔'입니다. 저의 스승 아잔 차 스님은 늘 모든 것의 끝을 들여다보려 하셨답니다. 그 끝이란 문제를 더 일으키거나 해야 할 일을 더 만드는 게 아니라 모든 것을 멈추게 하고 할 일을 다 해 마쳐 짐을 벗게 되는 경지를 말합니다. 깨달음의 소식이 바로 그렇습니다. '태어남은 다했다, 청정범행은 성취되었다, 다시는 어떤 존재로도 돌아오지 않을 것이다.'[4]

여러분은 이 모든 고苦와 낙樂을 아마도 충분히 경험했을 것 같습니다. 그렇지 않나요? 마찬가지로 우안거 중에도 고생 많이 하셨지요. 바로 이런 것이 고성제苦聖諦의 소식입니다. 우리 모두 해내려 애쓰고 있는 것은 바로 그 모든 고苦를 끝내는 그 당체를 발견해 내는 것, 그리하여 이 성스러운 삶이라는 사업을 완결하는 것이지요. 우리는 고苦를 끝내기

---

4 "Khīṇā jāti, vusitaṃ brahmacariyaṃ kataṃ karaṇīyaṃ, nāparaṃ itthattāyā'ti pajānāti." 《디이가 니까야야*Dīgha Nikāya* 長部》, 〈사문의 결실 경*Sāmaññaphala sutta*〉, I, 84쪽 참조.

를 원합니다. 그러려면 모든 것의 본질이 바로 텅 빔
이라는 사실을 알아야만 합니다. 여러분이 모든 대
상의 깊은 속내도 보고 그것이 텅 비어 있다는 것도
알게 되면 그 경지가 과연 어떠할지 그려보세요. 한
걸음 앞질러 얘기한다면 여러분이 식識이라 부르는
그것, 알아차리는 당체, 그것이 완전히 비어 있다는
것까지 발견하게 될 테니까요.

우리가 어떤 것이 확실히 있다고 생각하는 그 자
체를 붓다는 '마술사의 속임수'⁵라고 일러 주셨습
니다. '마술사'가 이 알음알이 놀음인 식識 속에 확
고한 어떤 것이 있다고 생각하게끔 만듭니다. 그러

---

5 《상윳따 니까야야*Saṃyutta Nikāya* 相應部》, 〈수포 경*Pheṇa
sutta*〉 22:95경, III, 140쪽 참조.

나 모든 것은 단지 생겨났다 사라질 뿐입니다. 그뿐입니다! 알음알이 놀음이란 한낱 과정일 뿐 텅 비어 있습니다. 빈 과정이기에 멈출 수 있습니다. 만약 식이 비어 있지 않고 무언가 실체가 있다면 멈출수도, 끝낼 수도 없을 것입니다. 물리학에서 말하는 '에너지 보존의 법칙'에 빗대어 보자면, 에너지는 윤회하는 내내 어느 한 형태에서 다른 형태로 바뀔수 있습니다. 하지만 윤회하는 실체가 없고 식이 텅 비었다는 것을 안다면, 비로소 식 놀음을 그치게 할 수 있습니다.

식識이란 것이 핵심이 없이 텅 빈 것임을 알면 자유로워집니다. 행복이든 괴로움이든, 혼란스럽든 명료하든 간에 우리에게 그런 것들이 실체라고 믿게 하는 것은 텅 빈 식識 놀음일 뿐이라는 사실을 알게 됩니다. 식識이 비었음을 제대로 알면 인생이라는 드라마를 보여주는 텔레비전 자체가 마침내 사라집니다.

텔레비전 여섯 대가 나란히 놓여있는 모습을 상상해 보세요. 텔레비전 하나하나를 '눈', '귀', '코', '혀', '몸'이라 부르고 마지막 것은 '마음'이라 부릅시다. 텔레비전은 한 번에 오직 하나씩만 켜집니다. 계속해서 하나씩 번갈아 가며 켜졌다가 꺼집니다. 화면에 나타난 장면이나, 장면들이 나타났다 사라지는 것은 알기 쉽습니다. 그렇지만 깨달음에 이르는 길은 화면에 장면이 나타났다 사라지는 것을 알 뿐 아니라 텔레비전 전체도 완전히 사라진다는 것까지 알게 되는 것입니다.

선禪 *Jhāna*에 들면 곧바로 텔레비전 다섯 대는 완전히 사라집니다. 잠시 사라지는 게 아니라 한참 동안 사라집니다. 이것이 선의 이점입니다. 화면에만 아무것도 없는 게 아니라 화면 자체가 더 이상 존재하지 않는 것입니다! 아무것도 보이지 않고 아무 소리도 안 납니다. 냄새도 맛도 없고 감촉도 없습니다. 왜냐하면 선에 들어있을 때는 몸이 없는 것처럼 느끼는 상태이기 때문입니다. 정신적으로는 오롯이 식識만 있는 상태입니다. 그래서 여러분은 그처럼 오랜 시간 앉아 있을 수 있는 겁니다. 무릎이 쑤시지도 않고 허리가 아프지도 않으며 코도 간지럽지 않습니다. 그야말로 세속에 얽힌 생각에서 완전히 떠난 상태입니다.

텔레비전 다섯 대는 모두 사라졌고 마음만 남았

습니다. 그런데 여기서 머물러버릴 수도 있으니 주
의하십시오. 지혜가 낮은 이들은 '바로 이거다, 끝
까지 사라지지 않고 남아있는 텔레비전이 바로 마
음이구나' 하고 생각할 것입니다. 그러나 여러분이
추론해 보면 알 수 있을 겁니다. 실제로 선정이 더
욱 깊어지면 마지막으로 텔레비전의 부품들이 마구
잘려 나갑니다. 초선에서 2선에 드는 동안 텔레비
전은 반으로 토막이 납니다. 일으킨 생각[尋 vitakka]
과 지속된 생각[伺 vicāra]이 사라진 것입니다. 2선에
서 3선, 4선에 드는 동안 텔레비전의 부품 덩어리
는 더 많이 잘려 나갑니다. 점점 더 많이 잘려 나가
면서 여러분은 무색계선arūpajhāna에 들어갑니다.
마지막으로 멸진정滅盡定 nirodhasamāpatti에 들 때
까지 계속해서 잘려 나갑니다. 이제 마침내 텔레비
전 모두가 없어졌습니다. 식識이 사라졌습니다. 알

음알이가 소멸한 것입니다. 선정에서 나오면 이제 그 의미를 놓칠 수가 없습니다. 즉 우리가 항상하고 실재한다고 알음알이로 믿었던 것들 일체가 신기루입니다.

일체가 신기루라는 말을 들으면 두려워하는 사람도 있겠지요. 자신이 실재한다고 생각하는 사람들의 심장부를 건드리는 것이 되니까 당연히 두려울 겁니다. 존재의 근거 자체를 흔드는 것이니까요. 자아가 없다면 어떨까 잠시 그려봅시다. 자아가 없으면 마음에서 일어나는 행복과 고통, 괴로움과 기쁨, 환희와 좌절, 이 모든 것이 더 이상 우리를 괴롭히지 않을 겁니다. 괴로움이나 기쁨을 느끼는 주인이 없는데 그런 것들이 무슨 상관입니까? 우리가 성공이나 실패, 좌절을 왜 걱정해야 합니까? 모든 것들은 그저 생겼다가 스러지는 것일 뿐인데요. 당신과 상관없는 일입니다. 비난할 사람도 없고 칭찬할 사람도 없습니다. 비난이나 칭찬이란 그저 세상에서 벌어지는 현상일 뿐입니다. 붓다는 그것이 그 누구의 것도 아니고 단지 자연스럽게 벌어지는 현상일 뿐이라고 말씀하셨습니다.

칭찬이나 비난에 대해 생각해 봅시다. 나는 젊었을 때 언제나 기를 쓰고 비난을 피하고 칭찬만 받으려 애썼습니다. 비난을 받으면 '내가 뭘 잘못했길래?'라고 했고 다른 이들을 기쁘게 하는 데에는 꽤나 재주가 있었지요. 최선을 다했지만 내가 하지 않은 일에 대해서도 비난받았습니다. 물론 내가 하지도 않은 일로 칭찬을 받을 때도 있었지만 굳이 아니라고 하지는 않았습니다. 누군가 나를 부당하게 비난하면 화를 내곤 했습니다. 지금 생각해 보니 다른 사람을 기쁘게 하려고 내가 얼마나 애쓰며 젊은 시절을 보냈는지 알게 되었습니다. 부모님, 학교 선생님, 친구나 여자 친구를 기쁘게 해주려고 애썼습니다. 나중에는 스승이신 아잔 차 스님과 아잔 수메도 스님을 기쁘게 해드리려 노력했고, 함께 지내는 스님들과 호주 서부 불자협회 회원들을 기쁘게 해주려고도 했습니다.

하지만 이제 나는 누군가가 기뻐할지 어떨지 신경 쓰지 않습니다. 여러분이 우안거를 잘 보내지 못했다 해도 별로 괘념치 않습니다. 안거를 잘했다고 해도 마찬가지입니다. 안거를 잘했건 못했건 그뿐입니다. 세상사 다 그런 법이니까요. 내가 어찌할 수 있는 일이 아닙니다. 지금 법문을 하고 있는 나도 실은 아잔 브라흐마왕소가 아니라는 사실을 여러분이 알았으니, 이 얼마나 대단합니까? 여러분은 내가 무슨 말을 했든, 내가 사람들을 감화시키려 애를 썼든, 그러려니 하십시오. 그 또한 단지 세상사가 벌어지는 현상일 뿐입니다. 그뿐입니다.

고苦에서 벗어남

내가 말하고자 하는 요지는 '자아 없음', 즉 '무
아*anattā*'를 깨달으면 고苦의 모든 원인을 놓아버리
게 된다는 것입니다. 그리하여 대자유를 얻게 됩니
다. 붓다는 '자아가 있으면 나의 자아에 속하는 것
이 있기 마련이다'[6]라고 말씀하셨습니다. 그래서 나
에 대한 평판과 나에 대한 남들의 생각도 있게 됩니
다. 나의 소유물이 있고 나의 몸이 있습니다. 나의
사고, 나의 아이디어, 나의 견해가 있습니다. 나의

---

6 《맛지마 나까야야*Majjhima Nikāya* 中部》, 22경 〈뱀의 비유 경
   Alagaddūpama sutta〉, I, 참조.

명상 수행도 있습니다. '나의'로 시작하는 이 모든 것들은 '자아'가 있다는 것을 전제로 하여 생겨납니다.

'자아'가 없다고 해봅시다. 자아가 없으면 '나'라고 할 만한 근거가 없으므로 '나'도 없고 '나의 것'도 없습니다. 가진 게 아무것도 없다고 할 때는 집이나 옷, 돈, 꿀이나 설탕 따위의 물질적인 소유물만을 의미하는 게 아닙니다. 몸, 두 팔, 머리, 치아도 없고 생각조차 없다는 말입니다. 생각이 있다 해도 그 생각은 당신 것이 아닙니다. 행복도 당신 소유가 아니고 고통도 당신 소유가 아닙니다. 행복과 고통은 왔다가 사라질 뿐 당신과는 아무 상관이 없는 것입니다. 여기에는 주인이랄 게 없습니다. 아무것도 가지지 않는 것, 진실로 소유하지 않는 것, 처음에 가늠했던 것보다 정말 완전하게 버리는 길을 따라가 봅시다. 또한 세속적인 것만이 아니라 세속을 초월하는 것까지도 어느 하나 빠짐없이 버립시다. 말 그대로 아무것도 남지 않을 때까지 다 버립시다.

아무것도 가진 게 없다고 해봅시다. 몸도 없고, 마음도 없고, 의식도 없다고 합시다. 이 모두는 자연에 속할 따름입니다. 우리가 살면서 행하는 모든 것을 원래 주인에게 돌려줘야 합니다. 이 모든 것은 자연에 속할 뿐 우리 소유가 아닙니다. 그것들을 자연으로 돌릴 수 있다면 얼마나 자유로울까요. 참으로 아무 근심도 걱정도 없을 겁니다. 세상 무슨 일이 벌어지든 그건 자연이 우리에게 베푸는 가피인 것입니다. 행복하든 괴롭든, 명확하든 혼란스럽든 그 어떤 일이 일어나도 그저 자연의 연출일 따름입니다. 그 때문에 붓다는 '자아'란 없고 그래서 '자아에 속한 것'도 없다고 말씀하셨습니다. 따라서 '나의 것'이 없다면 더 이상 갈애가 있을 수 없습니다.

여러분은 왜 뭐든 움켜쥐려고 하지요? 행복을 움켜쥐는 건 고苦도 함께 움켜쥐는 겁니다. 칭찬과 비난 둘 다 움켜쥐다니, 제정신이 아닙니다. 여러분이 누군가에게 야단을 맞으며 어리석다는 말을 듣는다면, "내가 어리석다니! 왜 어리석다는 거지? 나는 어리석지 않은데"라는 생각에 붙들립니다. 여러분은 오로지 거기에 매여 있는 겁니다. 몸에 통증이 있으면 '아프다, 고통스럽다'고 합니다. 왜 그 생각에 매달리지요? 그러면 스스로를 더욱 고통스럽게 만들 뿐입니다.

갈애가 즐거움만 갈망하지는 않습니다. 어리석은 이들은 고뇸인 줄도 모르고 무턱대고 갈망합니다! 그들은 갈애에 빠져 아무거나 다 갈망합니다. 어떤 사람이 가게에 들어가서 마음에 들건 말건 아무 물건이나 사려고 드는 것과 같지요. 형편없는 잡동사니까지도 말입니다. 갈애란 바로 이런 겁니다. 배고플 때는 아무거나 닥치는 대로 먹어버리듯 어리석어 갈애가 극성하면 아무것에나 집착합니다. 심지어는 고뇸일지라도 말입니다. 이런 일을 벌이는 장본은 내면 깊숙한 거기에 '나'가 있다는 생각입니다. 그 때문에 우리는 무언가를 하려고 합니다. 무언가를 얻고 소유하고 싶어 합니다. 자아, 에고ego가 하는 짓이란 무언가를 행하고 소유하며, 소유물에 대해 주인 행세를 하는 겁니다. 세속적으로 한껏 강해진 자아는 수상이나 대통령, 왕이나 여왕 같은

지위에 오르려 합니다. 그들은 지나치게 많이 가지려 들고 모든 것을 지배하려 듭니다. 자아가 강할수록 다른 사람 위에 군림하려는 지배욕이 커집니다. '무아無我'를 아는 사람은 남들을 지배하려 들지 않습니다.

숲속에서 수행 전통을 이어가는 아라한 큰스님 몇 분이 계십니다. 그분들은 항상 여러분이 행해야 할 바를 짚어주십니다. 그 때문에 때로 사람들이 그 큰스님들 만나기를 거북해하지요. 기억하기로는 그 큰스님들은 무척 온화하고 친절하십니다. 그분들은 여러분을 통제하려는 게 아니라 자유롭게 해주시려는 겁니다. 여러분에게 베풀기만 하지 여러분을 좌지우지하려 들지 않습니다. 스승은 제자들을 자유롭게 하지 구속하지 않습니다. 그래서 나 역

시 여러분 한 분 한 분 부디 깨달음을 얻어 자유로
워지기를 바라는 마음입니다. 제자를 얽매는 게 아
니라 자유롭게 해주는 것이 스승의 역할입니다. 담
마의 지향점도 여러분을 자유롭게 풀어주려는 것
입니다.

운전사 없이 달리는 버스

무아에 대한 탐구를 시작해 보면 두려운 나머지 더 깊이 들어가고 싶지 않을 때가 종종 있을 겁니다. 여기서 말하는 두려움이란 흔히 느끼는 그런 두려움이 아닙니다. 내가 말하고자 하는 것은 바로 당신 자신의 '핵심'까지 파고 들어가는 데 대한 두려움입니다. 이 말은 지금껏 당신 자신에 관해 생각하던 모든 것을 의심하고, 당신 존재의 본질을 파고 들어간다는 의미입니다. 거기에 아무것도 없다는 건 어떤 걸까 하고 상상하는 것만으로도 당신의 존재 근거가 통째로 흔들리게 됩니다. 만일 용기와 신념으로 두려움을 헤쳐 나가서 그 두려움이 아무것도 아니었음을 발견한다면 당신은 가장 멋진 선물을 얻게 될 것입니다. 바로 자유라는 선물입니다. 그 선물은 모든 것의 본질이 텅 빔이라는 사실을 알게 된 것입니다. '해야 할 일을 다 해 마쳤다'는 선물입니다.

살아가는 것은 마치 버스를 타고 가는 것 같아서 우리는 즐거운 경험과 즐겁지 않은 경험을 다 겪습니다. 대개 그런 경험은 자신의 책임이거나 버스 기사의 책임이라고 생각합니다. '왜 운전사는 쾌적한 시골로 차를 몰고 가서 그곳에 오랫동안 머물지 않는 걸까요?' 우리는 '나의 삶'이라는 여행을 이끄는 누군가를 찾아내려고 합니다. 왜 그처럼 많은 아픔과 괴로움을 겪는 걸까요? 우리는 몸[色], 느낌[受], 인식[想], 의도[行], 의식[識]이라는 존재의 다섯 무더기[五蘊]를 조종하는 운전자를 찾아내고 싶어 합니다. 충분한 명상 수행을 거치고 담마를 따르고 난 뒤에야 드디어 운전석에 다다릅니다. 그리고서는 그 자리가 비어 있다는 것을 알게 됩니다. 이제 껏 운전사 없는 버스를 타고 달려온 것입니다!

처음에는 충격을 받겠지만 탓할 대상이 없다는 사실을 알면 상당히 안심할 것입니다. 자신이 받는 고통을 다른 누군가의 탓이라고 원망하는 사람이 얼마나 많습니까? 신神을 원망하고 부모를 원망하고 정부를 원망하고 날씨를 원망합니다. 또는 자신이 앓고 있는 병을 원망하거나, 끝내 탓할 대상을 찾지 못하면 자기 자신을 원망합니다. 참으로 어리석은 일입니다. 비난받을 이는 아무도 없습니다. 내면을 살펴 '운전사 없는 버스'를 보고 '비어 있음'을 보세요. 자아가 없다는 사실을 알아차릴 때 아무도 탓할 사람이 없다는 것을 알게 됩니다. 이것이 바로 무아*anattā*입니다. 이제 여러분은 제자리로 돌아가 여행을 즐기기만 하면 됩니다. 운전사 없는 버스를 타고 가는데 달리 뭘 어쩌겠어요? 자리에 앉아 즐거운 구경을 할 때는 '기분 좋구나, 그뿐이야.' 괴로운 일을 겪을 때는 '괴롭구나, 그뿐이야' 하면 됩니다. 단지 운전사 없는 버스일 뿐이잖아요.

여러분은 석 달 동안 우안거 정진을 해왔고 수행이 잘 되었건 아니건, 즐거웠건 괴로웠건, 그 책임이 자신에게 있다고 생각하겠지요. 그건 아닙니다. 자연스럽게 그랬을 뿐입니다. 탓할 사람도 없고 칭찬할 사람도 없습니다. 무슨 일이 일어났든지 그저 그뿐입니다. 그러니 운전석에 대고 소리치지 마세요.

나무라지도 마세요. 거기에는 아무도 없으니, 기운만 빠질 뿐입니다. 그저 그 자리에서 '그냥 그대로 받아들이십시오.' 좋을 때도 좋지 않을 때도 그저 구경 잘하세요. 탓할 사람이 없으니까 그냥 여행을 누리기만 하면 될 것입니다.

'아무것도 없다'가 답입니다

아잔 차 스님께서 제게 일러주신 가르침이 생각
납니다. 아잔 차 스님은 매주 왓 나나차트 승원에
들르셨습니다. 우리는 점차 쇠약해지는 스님의 건강
에 도움이 되도록 승원에 사우나 시설을 마련하였
습니다. 스님이 오시면 법문을 해주시기 때문에 우
리는 스님을 매우 반겼습니다. 아잔 차 스님이 그날
법문을 하러 승원에 오셨습니다. 우리는 스님께서
사우나도 하시도록 불을 지피고 준비를 하여 몇몇
이 아잔 차 스님을 도와드리러 갔습니다. 저도 가끔
도와드렸고, 다른 분들이 도와드리기도 했습니다.

이날 서양인 스님들에게 무척 감명 깊은 법문을 하시고는 사우나를 하러 가셨습니다. 저는 다른 스님들에게 아잔 차 스님을 보살펴 드리도록 하고는 법당 뒤편 바깥에 앉아 깊고 평화로운 명상에 들었습니다. 명상에서 나오고 나서 아잔 차 스님이 궁금해졌습니다. 스님께서는 어떠신지, 혹 도움이 필요하실지 알아봐야겠다는 생각이 들었습니다. 법당에서 사우나실로 걸어가는 길에 스님을 보았습니다. 벌써 사우나를 마치시고 태국 재가자 몇 분과 반대 방향으로 걸어가고 계셨습니다.

아잔 차 스님은 나를 보시고는 내가 명상을 했다는 것을 알고 내게 말씀하셨습니다.

"브라흐마왕소, 왜?"

나는 깜짝 놀라서 얼떨결에 대답했습니다.

"모릅니다."

뒤이어 스님이 말씀하셨습니다.

"누군가 이렇게 다시 질문하면 '아무것도 없다'라고 해야 올바른 대답이네. 알겠는가?"

"네, 알겠습니다"라고 대답했더니,

"아니, 자네는 모르네"라고 스님이 말씀하셨습니다.

마찬가지로 여러분 자신이 "왜? 왜? 왜?"라는 의문이 든다면 내가 방금 한 말이 그 답입니다. 그건 바로 수행의 대가이신 아잔 차 스님이 하신 말씀입니다. '왜 명상을 하는가?'라는 의문에 대한 답은 '아무것도 없다'를 보고자 함입니다.

아잔 차 스님은 참으로 훌륭한 가르침을 주십니다. 내가 언제나 새기고 싶은 그분의 말씀은 '아무

것도 없다'입니다. 텅 비었다는 뜻입니다. 어떤 행위
자도 없습니다. 아는 자도 없습니다. 텅 빔이 얼마나
멋진지 알고 스스로 용기를 북돋워야 합니다. 그래
야 비움에 이를 수 있습니다. 내가 알기로는 깨달은
분들은 모두 언제나 행복해합니다. 비었음을 깨닫
고는 '차라리 이것을 알지 말았어야 했어' 하고 후
회하는 분은 아무도 없을 겁니다. 아무것도 없음을
알면 자유롭습니다. 붙잡을 것은 전혀 없습니다. 붙
잡을 것이 없으면 더 이상 고苦란 없습니다.

　모든 고통은 갈애와 집착 때문에 생기는데 그것
은 자아라는 망상에서 비롯됩니다. 자아가 있다는
망상은 '나, 내가 원하는 것, 나의 것, 칭찬과 비난
에 대한 반응, 내가 있다는 아만我慢'을 일으킵니다.
이 자아라는 망상이 '나는 저 사람과 마찬가지다,

내가 더 낫다, 내가 더 못 하다' 등 분별심을 냅니다. 여러분은 남들과 비교하느라 여태 얼마나 많은 고통을 받고 있습니까? 자신을 누구와 비교한단 말입니까? '나'라는 게 없는데 말입니다!

일단 '자아'가 없다는 걸 알고 나면 더 이상 비교하는 일은 없습니다. 다른 사람들이 당신을 어떻게 생각할까, 걱정할 필요도 없습니다. 당신에 대해 신경 쓰는 그 누구도 '자아'란 없으니까요. 남들이 당신을 어떻게 볼까, 하는 걱정으로 지금껏 얼마나 괴로웠습니까? 특히 이번 우안거 동안 지도 법사인 내가 여러분을 어떻게 보는지 마음이 쓰였을 겁니다. 여러분에 대해 어떻게 생각하느냐고요? 별생각 안 합니다. 우리는 자아가 없으니까요!

모든 것 내려놓기!

손이 있는 한 무엇이든 계속 잡기 마련입니다. 그게 손이 하는 일이지요. 더럽고 추악한 일도 하게 될 겁니다. 다쳐서 손이 없다면 고苦가 되는 것을 잡지 않을 것이고 소유함으로써 짐이 되는 것도 잡지 않을 것입니다.

버리기 시작한 사람은 버리면 버릴수록 더욱 자유로워진다는 것을 압니다. 여러분이 집이며, 자동차며, 재산이며, 성생활이며, 오락 등, 이 모든 것들을 포기한다면 포기하는 그만큼 자유로워집니다. 이는 마치 무거운 돌로 가득 찬 배낭을 짊어진 사람이 그런 것을 지고 갈 필요가 없음을 깨닫는 것과 같습니다. 따라서 '열반Nibbāna'이라는 산을 오르기 위해서는 짐들을 계속 던져 버려야 합니다. 재산을 버리고 육체적 욕망을 버리고 생각과 걱정거리를 버리고 '자아'라는 망상도 버립니다. 산 정상까지 몇 걸음만 남았을 때에는 '행위자'라는 생각과 '아는 자'라는 생각을 내려놓습니다. 그러면 아무것도 남지 않습니다. 아무것도 남지 않을 때라야 자유로워지는 겁니다. '버림'이란 진정으로 버리는 것을 의미합니다. '내려놓음'이란 참으로 모든 것을 다 놓는 것입니다. 아주 작은 것이라도 소유하려 하지 마십시오!

마무리

여러분, 그렇게 할 용기가 있습니까? 깨달음에 이르는 것은 참으로 가치 있는 일입니다. 권장해야 할 일입니다. 깨닫고 싶지 않습니까? 이 모든 것으로부터 벗어나고 싶지 않습니까? 여러분은 실컷 윤회했고, 먹고 사는 일도 할 만큼 했잖아요? 이 몸뚱이를 건사하는 일도, 아픔도, 병원 가는 일도, 아이를 키우는 일도, 행복과 슬픔에 대한 걱정도 이제할 만큼 하지 않았습니까? 마음속에 늘 박혀서 문제를 만들고 어렵게 만드는 이 많은 생각들을 이제그만하는 게 어때요? 한순간 행복하고 나면 그다음 순간 슬퍼집니다. 그 모든 것을 겪을 만큼 겪어보지 않았습니까? 명상 수행을 하십시오! 마음을 고요하게 하십시오! 마음이라는 것을 들여다보십시오. 그리고 연꽃잎이 한 잎 한 잎 열리게 하여 마침내 아름다움의 극치인 보물, 즉 '아무것도 없음[無], 텅 빔'을 보십시오. 이 '없음'보다 더 좋은 것은 없습니다. 담마보다 더 위대한 보물은 없습니다.

아잔 브라흐마왕소 스님(1951~   )

아잔 브라흐마왕소 스님은 영국 출신의 호주 스님. 출가 전에 케임브리지 대학교에서 물리학을 전공하였다. 1974년에 출가한 그는 아잔 차 스님의 지도하에 수행했으며, 호주 서부에 있는 보디냐나 사원의 승원장이다. 이 책은 스님이 1999년 보디냐나 사원에서 설한 우안거 해제 법문을 편집한 것이다.

━━━ 〈고요한소리〉는

· 붓다의 불교, 붓다 당신의 불교를 발굴, 궁구, 실천, 선양하는
  것을 목적으로 설립되었습니다.

· 〈고요한소리〉 회주 활성스님의 법문을 '소리' 문고로 엮어 발
  행하고 있습니다.

· 1987년 창립 이래 스리랑카의 불자출판협회BPS에서 간행한
  훌륭한 불서 및 논문들을 국내에 번역 소개하고 있습니다.

· 이 작은 책자는 근본불교를 중심으로 불교철학·심리학·수행
  법 등 실생활과 연관된 다양한 분야의 문제를 다루는 연간물
  連刊物입니다. 이 책들은 실천불교의 진수로서, 불법을 가깝
  게 하려는 분이나 좀 더 깊이 수행해보고자 하는 분에게 많
  은 도움이 될 것입니다.

· 이 책의 출판 비용은 뜻을 같이하는 회원들이 보내주시는 회
  비로 충당되며, 판매 비용은 전액 빠알리 경전의 역경과 그 준
  비 사업을 위한 기금으로 적립됩니다. 출판 비용과 기금 조성
  에 도움 주신 회원님들께 감사드리며 〈고요한소리〉 모임에 새
  로이 동참하실 회원을 기다리고 있습니다.

· 〈고요한소리〉 책은 고요한소리 유튜브(https://www.youtube.
  com/c/고요한소리)와 리디북스RIDIBOOKS를 통해 들으실
  수 있습니다.

◦ 카카오톡 채널(https://pf.kakao.com/_XIvCK)을 친구 등록 하시면 고요한편지 등 〈고요한소리〉의 다양한 소식을 받으실 수 있습니다.

◦ 〈고요한소리〉 홈페이지 안내
  - 한글 : http://www.calmvoice.org/
  - 영문 : http://www.calmvoice.org/eng/

◦ 〈고요한소리〉 회원으로 가입하시려면 이름, 전화번호, 우편물 받을 주소, e-mail 주소를 〈고요한소리〉 서울 사무실에 알려주 십시오. (전화: 02-739-6328, 02-725-3408)

◦ 회원에게는 〈고요한소리〉에서 출간하는 도서를 보내드리고, 법 회나 모임·행사 등 활동 소식을 전해드립니다.

◦ 회비, 후원금, 책값 등을 보내실 계좌는 아래와 같습니다.

국민은행	006-01-0689-346
우리은행	004-007718-01-001
농협	032-01-175056
우체국	010579-01-002831
예금주	**(사)고요한소리**

——— 마음을 맑게 하는 〈고요한소리〉 도서

금구의 말씀 시리즈

하나	염신경念身經
둘	초전법륜경初轉法輪經
	초전법륜경初轉法輪經 (확대본)
	초전법륜경初轉法輪經 (독송본)

소리 시리즈

하나	지식과 지혜
둘	소리 빗질, 마음 빗질
셋	불교의 시작과 끝, 사성제 – 四聖諦의 짜임새
넷	지금·여기 챙기기
다섯	연기법으로 짓는 복 농사
여섯	참선과 중도
일곱	참선과 팔정도
여덟	중도, 이 시대의 길
아홉	오계와 팔정도
열	과학과 불법의 융합
열하나	부처님 생애 이야기
열둘	진·선·미와 탐·진·치
열셋	우리 시대의 삼보三寶

법륜 시리즈

보리수잎 시리즈

붓다의 고귀한 길 따라 시리즈

단행본

This translation was possible
by the courtesy of the Buddhist Publication Society
54, Sangharaja Mawatha P.O.BOX 61
Kandy, Sri Lanka

보리수잎·쉰하나

텅 빔

실체는 없다

초판 1쇄 발행 2024년 9월 20일
초판 2쇄 발행 2025년 2월 15일

지은이   아잔 브라흐마왕소
옮긴이   민병현
펴낸이   하주락·변영섭
펴낸곳   (사)고요한소리

등록번호 제1-879호 1989. 2. 18.
주소   서울시 종로구 인사동길 47-5 (우 03145)
연락처   전화 02-739-6328 팩스 02-723-9804
          부산지부 051-513-6650 대구지부 053-755-6035
          대전지부 042-488-1689 광주지부 02-725-3408
홈페이지 www.calmvoice.org 이메일 calmvs@hanmail.net
ISBN   979-11-91224-53-5 00220

값 500원